SCRIPTORES AETHIOPICI

SERIES ALTERA — TOMUS XXIII

VITAE SANCTORUM INDIGENARUM

CORPUS
SCRIPTORUM CHRISTIANORUM ORIENTALIUM

CURANTIBUS

I.-B. CHABOT, I. GUIDI
H. HYVERNAT, B. CARRA DE VAUX

SCRIPTORES AETHIOPICI

VERSIO

SERIES ALTERA — TOMUS XXIII

VITAE SANCTORUM INDIGENARUM

ROMAE
EXCUDEBAT KAROLUS DE LUIGI

PARISIIS: CAROLUS POUSSIELGUE BIBLIOPOLA
15, RUE CASSETTE, 15

LIPSIAE: OTTO HARRASSOWITZ

MDCCCCV

I

GADLA FERĒ-MIKĀ'ĒL

SEU

ACTA SANCTI FERĒ-MIKĀ'ĒL

INTERPRETATUS EST

BORYSSUS TURAIEV.

Ferē-Mikā'ēl (Fructus Michaelis), qui ab Aethiopibus sanctus habetur, monachus et antistes terrae Warab fuit. Vixit saeculo xv, regis celeberrimi Zar'a-Yā'qob tempore. Acta eius brevia in codice chartaceo parisino (Coll. d'Abbadie, n° 161), ab amanuensibus cl. v. Antoine d'Abbadie conscripto continentur.

B. T.

Petropoli, Kal. Februarii, A. D. 1905.

ACTA SANCTI FERĒ–MIKĀ'ĒL

In nomine Dei, iusti in omnibus viis suis, p. 3.
Trini in personis suis, Unius in Trinitate sua,
cuius existentia est a saeculo
et pariter in saeculum,
5   praeter quem non est formatus Deus
neque ante eum, neque post eum erit;
ipse est primus et novissimus,
sanctus sanctitate sua
et castus castitate sua.
10   Nemo est qui cogitationem intelligat eius,
qui creavit hominem ad imaginem suam,
qui facit angelos suos spiritus.
A myriadibus myriadum gaudentium currus eius *trahitur*,
cuius sunt caeli et cuius est terra,
15   et cuius in manu omnia sunt,
cuius corpus non consumitur mactatus
et cuius lateris sanguis non deficit exhaustus.
Quem glorificemus et laudemus in saecula saeculorum.
[Amen.

20   Incipimus auxilio Dei altissimi
descriptionem laborum et certaminis
patris nostri Fĕrē-Mikā'ēl luctatoris,
suavis opere, casti,
pastoris gregis fortis,
25   praeceptoris legis et Evangelii.
Quid scribam vel quid dicam?
Servus enim tardioris linguae et insipidi labii sum.
Sed, si Deus vult, omnia fiunt.
Certamen autem iusti viri nonne mirandum et stupendum est?
30   *Melle est dulcius p. 4.
et sale sapidius
et menti iucundum.

   Attendite igitur, o dilecti mei,
ut narrem vobis pauca, pro indignitate mea,
35   colligendo ea ex ore duorum vel trium testium,

de constantia certaminis boni
Fĕrē-Mikā'ēl, patris mei,
qui ab utero matris suae sacerdos electus est.

Filius fuit sacerdotis, columen fidei, quod non inclinat se,
administrator legis ecclesiae. Patrem habuit sacerdotem Marʿā- 5
wina-Krĕstos nomine; matris eius nomen erat Nayā-Şĕyon. Uter-
que fidelis erat et Deum timebat. Et educaverunt eum in sapientia
et constantia secundum legem et praeceptum. Cum tempus di-
scendi venisset, permansit in monasterio, psalterium Davidis
discendo et Scripturas sacras recitando. Deinde diaconus factus, 10
in praestanti ministerio more diaconatus administrando perseveravit. Cum vidisset pater noster Andreas, nĕbura-'ĕd, suavis opere, pulchritudinem praestantiae patris nostri Fĕre-Mikā'el,
ornavit eum vestimento et cingulo et fecit eum monachum.
Post haec inchoavit bonum certamen, in opera precationibus 15
danda non cessavit, et in domo patris nostri Frumentii permansit,
cum certabat.

Quodam die, cum media nocte ad ecclesiam descendebat, apparuit ei pater noster Andreas, margarita famae, manu patrem
nostrum Frumentium tenens in via, et apprehendit patrem no- 20
strum Fĕrē-Mikā'ēl et dixit ei: « Non est sors tua, ut in domo
Frumentii maneas, sed potius sors tua est domus mea: i in
eam! ». His dictis, prehendit manum eius et ad portam suam
deduxit eum, et inde evanuit. Quam ob causam, sanctus ille e
domo patris nostri Frumentii exiit, et in domum patris nostri 25
Andreae intravit, ubi permansit in constantia, ad ministerium
hora sacrificii et precationis properando, et in ecclesia famu-
lando, et incensum lucernamque rite porrigendo. Cum in hoc
p. 5. officio perseveraret, *sacerdos factus est, et constantia indutus,
in officio presbyteratus ministrando assiduus erat. Deinde cucullo 30
a patre nostro Marḥa-Şĕyon, pastore gregis, enarratore Scripturae accepto, cavernam excavatam in domo sua effodit, et in
ea sedebat, una tantum hora somno data. Et per dies in hac
caverna morabatur, plurimas genuflexiones faciens, quarum nu-
merum quomodo accurate scribamus, nescimus. Saepe numero 35
psalterium Davidis per dies et noctes recitabat, et Evangelium
Iohannis eiusque Apocalypsin perlegebat, et omnia officia ho-
rarum observabat. In solitudinem se recepit in ieiunio, a cere-

visia siceraque bibendis et oleo consumendo, nisi diebus festis
aut sabbatis, se abstinens. Paullulum tertio quoque die consu-
mebat, et in hac vivendi ratione novem annos permansit.

Anno nono elegerunt eum sancti, ut monasterio praeponeretur,
5 sicut fuerat de eo vaticinatum: multi enim sancti de eo pro-
phetaverant et praedixerant ei, priusquam solitarius factus esset.
Cum in aliam regionem profecturus esset, homo quidam sanctus,
cuius nomen erat Ṣagā-Za'ab, coram omnibus dixit: « Non est
sors tua; noli proficisci, nam est in te *praepositi* munus ».
10 Et in regione 'Enfrāz multi sancti eremitae et viri Dāgā narraverunt ei omnia et dixerunt ei: « Iussum Dei est in te; ne
recedat tutela tua a monasterio Andreae, patris tui: in alio
enim loco non est sors tua ».

Revertamur ad reliquam partem narrationis interruptae. Post
15 quam sancti elegerunt patrem nostrum Fĕrē-Mikā'ēl r a b b a n,
sicut de eo vaticinatum erat, ut pater multis esset, flevit amare
ob multam tristitiam, et cum fleret, abductus est ad portas regis,
ubi menses sex permansit, exspectans, ieiunio et precibus non
intermissis. Et nolebat tergiversari, sed permanebat se submit-
20 tendo. Mense autem sexto, missus est ad eum nuntius *a rege   p. 6.
nostro Zar'a-Yā'qob, qui dixit ei: « Revertere in monasterium
tuum ». Hoc audito, sanctus, valde gavisus, postridie surrexit et
iter facere coepit. Cum autem proficisceretur, occurrit ei in via
sacerdos quidam venerabilis, nomine Bakŭĕra-Ṣĕyon, qui eum
25 allocutus est et dixit ei: « Vidi hodie de te visionem et audivi
vocem, quae dixit: a Deo est ille. Ita mihi videtur; noli digni-
tatem fugere! ». Respondit ei pater noster et dixit: « Inde ab hoc
tempore servat me Deus! ». Tunc, eo die, persecuti sunt nuntii
regis patrem nostrum sanctum et reduxerunt eum de via et,
30 vehementius quam ante tristantem, ad regem adduxerunt. Et
factus est pater noster Fĕrē-Mikā'ēl antistes (n e b u r a-'ĕ d)
provinciae Warab, et consedit in throno patris nostri Honorii
(A n o r ē w o s), certamen, quod inceperat, non intermittens. Et inde
a tempore, quo praepositus est, non inscendit mulum, neque
35 cupivit divitias; interdiu in area iudicii morabatur et verbum
Dei praedicabat, noctu in cantando et adorando cum timore et
tremore commorabatur. Non nisi tertio quoque die edere poterat, quia in dignitate *praepositi* erat, et cum sacerdotibus
praedicando circumibat. Monachi autem impediebant eum et

valde urgebant, rogando tamen et precando vix persuaserunt
ei, ut cotidie hora cenae ederet. In ieiunio autem sanctae qua-
dragesimae gustabat tertio quoque die, diebus quinquagesimae
(tempore paschali) non prandebat, ex quo cucullam acceperat,
nec nisi vespere edebat; ex quo solitarius factus fuerat usque 5
ad diem mortis suae non bibebat vinum, neque siceram, neque
cerevisiam, non edebat pingue, sed panem cum sale, non bibebat nisi aquam et vivebat, ut inops, in certamine bono.

Die quodam, venit ad domum patris nostri Fĕrē-Mikā'ēl ex
hominibus quidam ḥaras, quod vertitur dask, tutelae eius 10
se committens, ut ab ira regis salvaretur. Cum vidisset sanctus
illum maledictum, percussit faciem eius et dixit: « Quis te ad
me adduxit? ». Respondit ille: « Mea sponte ad te veni, e cu-
stodibus, quibus me rex commendavit in urbe Agāy fugiendo.
Cur mihi alapam duxisti? ». Non respondit ei sanctus ullum 15
p. 7.   verbum, *neque timuit eum, sed postea narravit de eo regi,
qui iussit eum adduci. Et adductus est. Tunc, collectis sociis eius,
hominibus incantatoribus, iussit rex eum interfici, et interfectus
est ille cum sociis suis. Cum paucis diebus post audivisset rex
noster, fidei administrator, patrem nostrum sanctum Fĕrē-Mikā'ēl 20
illi impuro Dask alapam duxisse, valde gavisus, benedixit ei et
praemium ei dedit, dicens: « O vere presbyter! o vere monachus!
Deus benedicat tibi! ». Et accepta benedictione a rege probo,
revertit in monasterium suum; quare laetatus est grex eius.
Et permanebat in labore praedicandi nuntiandique, in disciplina 25
et cognitione.

Deinde instituit flagellationem in area iudicii in eos qui
peccaverant et erraverant, et valde contristabatur de iis qui
verbo Scripturae non obtemperabant, et optabat ut bonum et
rectum assequerentur. Clam autem praecipiebat et dicebat e 30
filiis suis quibusdam: « Date iis edere et bibere, quia propter flagellationem esuriunt et sitiunt ». Et filii, obtemperantes ei, nu-
triebant eos et potum praebebant illis.

Sic omnes beneficiis afficiebat,
et plus se ipso alium diligebat.   35
Ubi similis ei est?

Cum venerat ad eum hospes, tempore cenae vel prandii,
cibabat eum, ipse oculo suo inspiciens, non famulis suis con-
fidens, propter peregrinorum amorem.

Et dabat elemosynam pauperibus egenisque,
et clam vestiebat nudos,
manducare dabat esurientibus,
bibere sitientibus,
5   quia pater multorum erat.

Cum autem praedicaret cultum Dei, ei monstrata est, eo loco
in quem venerat, silva delubri idolorum, in qua divini hario-
labantur. Qua visa, miratus est sanctus et dixit: « Homo vanitati
similis factus, cur hariolatur, cum sit Deus altissimus? ». His
10 dictis surrexit et iussit silvam hanc excidi, et excidi coepta *est. p. 8.
Sanctus autem signo crucis faciem *suam* in nomine Trini-
tatis signavit et excidentibus benedixit. Arboribus deiectis, iussit eas in ligna scindi et diffindi et igne cremari, et crematae
sunt. Sed sub una arbore inventa sunt pocula et incensum, ab
15 hariolis praeparata. Perfregit sanctos pocula et tus impurum
dissipavit. Deinde ibi columna domus hominum hariolorum et
lapide amplo in speciem ianuae introitus inventis, sic iussit
sanctus et dixit: « Tollite hanc columnam et hunc lapidem et
portate in ecclesiam, ut sint eius aedificandae gratia ». Et por-
20 taverunt illi homines, sicut praeceperat iis beatus, et consecuti
sunt praemium a Deo.
    Die quodam venit ad eum homo quidam e militibus regis,
tutelae eius se committens, cum ad bellum proficisceretur, et
dixit ei: « Noli oblivisci mei in precibus tuis! ». Respondit san-
25 ctus: « Deus sit tecum! ». Quibus dictis, surrexit et dedit ei
pulverem e sepulchro patris nostri Honorii. Quo accepto, profectus est miles ille ad bellum cum fide. Cum in terra paganorum menses sex peregisset, aegrotavit in terra paganorum
servus eius, morbo febris correptus. Tum aliquantum de pul-
30 vere illo sumpsit, labra eius tetigit et comedendum dedit, quo
facto sanatus est illico. Deinde aegrotavit ipse morbo ventris.
Et iterum sumpsit aliquantum de pulvere illo, quo gustato, sanatus est subito. Plurimi e militibus regis interierunt et mortui
sunt aut febri illa, aut gladio, aut hasta, is vero homo precibus
35 patris nostri Fĕrē-Mikā'ēl salvus fuit et incolumis domum suam
rediit. Deinde ad patrem nostrum sanctum venit, qui cum vidisset eum, surrexit, et Trinitatem sanctam adoravit, et dixit:
« Gloria Deo, qui te e bello reduxit atque precationem pecca-

toris non neglexit ». Et homini huic benedixit. Et ille narravit ei omnia, quae in terra infidelium facta erant, quae admiratus sanctus, gratias egit Deo.

Postea, quodam die apparuit per visionem filio regis in op- pido Ganĕz, ubi aegrotabant servi eius morbo malo, qui kēr 5
p. 9. appellatur, et dixit ei: « Surge, egredere hac domo et *migra in alium locum ». Is rogavit: « Quis es? ». Respondit: « Ego sum Fĕrē-Mikā'ēl. Misit me ad te pater meus Honorius, et allegavit mihi ut dicerem tibi haec ». Qua legatione ex ore sancti in visione audita, tacuit ille. Iterum apparuit *ei sanctus* eodem 10 modo et dixit eadem. Experrectus mane, narravit servis haec dicens: « Monachus quidam bis apparuit mihi et dixit mihi: ' Egredere ex urbe hac, ne moriaris '. Respondi et dixi ei: ' Quis es tu? '. Dixit mihi: ' Ego sum Fĕrē-Mikā'ēl, missus et legatus huc ab Honorio, patre meo ' ». Responderunt servi et 15 dixerunt ei: « Agnoscesne eum, si inveneris? ». Respondit: « Sane, agnoscam eum ». Et surrexit filius regis ille, Honorius nomine, et profectus est cum servis suis. Cum ad portas patris sui venisset, vidit patrem nostrum Fĕrē-Mikā'ēl, e castris regis exeuntem. Tum servis suis: « Ecce, inquit, monachus qui ap- 20 paruit mihi! ». Quibus auditis, admirati sunt propter eum.

Respicite iustum virum
qui, cum in corpore esset, spiritualis apparebat
et quocunque vellet proficiscebatur.
Nonne miranda est narratio de praestantia eius 25
qui, cum nĕbura-'ĕd esset,
nec de munere suo gloriabatur,
nec, cucullo accepto [1], spuebat salivam
de honore corporis Christi sollicitus,
nec iustitiam suam manifestam faciebat. 30

Die sabbati quae lucescit in prima sabbati, cum in san- ctuario staret et e sacerdotibus unus inciperet alta voce can- tando et diceret: « Deus omnipotens, qui universum creasti per Iesum Christum Salvatorem nostrum, qui sabbatum instituisti et requievisti eo die », tum vidit sanctus oculis suis thronum tābot 35 tribus cubitis a terra elevari. Quo viso, miratus est et obstupuit.

---

[1] I. e. ex quo monachus factus est; cfr. infra, pag. 26, l. ult..

Deinde, cum in urbem Zad ad praedicandum cultum Dei *de- p. 10.
scendisset, monstrata est ei silva magna, in qua idolatrae idola
colebant. Surrexit ille, et sumpta securi, excidit *eam*. Prae-
cepit deinde filiis suis et incolis urbis huius, dicens: « Properate
5 excidendo!». Paruerunt ei et exciderunt hanc silvam. Item iussit
et dixit iis: «Findite ligna et portate in domos vestras et cre-
mate ea ». In humeros sustulerunt et in domos suas reverte-
runt, ubi ligna arborum silvae illius cremaverunt, sicut iussi
erant a sancto. Sed unus homo qui idola colebat, non obedivit
10 patri nostro, neque cremavit quidquam e silva illa, patre nostro
nesciente. Quam ob causam corripuit hominem illum morbus
gravis, ut ad mortem perveniret. Invenit etiam sanctus sub silva
illa lutum fictile, ad simulacrum asini factum, ut idololatrice
adoraretur. Sciscitatus est incolas urbis et dixit eis: « Narrate
15 mihi et educite sortiendo eos, qui idola colunt et fatidicos interro-
gant ». Et tradiderunt illos ei sortiendo. Adhortatus est illos et
imposuit illis paenitentiam, sicut oportebat. Feminam quandam,
in qua spiritus vaticinii erat, captam ligavit et cum fictili illo
ad simulacrum asini facto misit et deduxit in monasterium suum,
20 ubi feminae illi baptizatae nomen Tĕmĕrḫana-Māryām dedit et
paenitentiam imposuit. Facta est fidelis. Deinde ad portas regis
feminam illam cum asino fictili deduxit et narravit *de iis* regi
nostro. Milites, videntes eos, mirati sunt; sancti autem beata
dicta est memoria et laudatum est opus. Et benedixit ei rex
25 valde et amabat eum, sed etiamsi ita res se haberent, non
omittebat *sanctus* quidquid de laboribus certaminis sui a se
inchoatis. Cotidie flagellationem saepe numero faciebat.

Quodam die cum locuti essent ei filii, dicentes: « Pater, pater
noster, bibe paullulum cerevisiae, nam aestu solis afflictus es! »
30 iratus est et recusavit bibere. Tum illi cum alio nĕbura-'ĕd
illustri consenserunt et patri nostro metropolitae, abbae Ga-
brieli, dixerunt: « Pater, absolve patrem nostrum, ut bibat cerevisiam ». Pater noster vidit eos et quae de se ab illis dicta
erant, intellexit. Quibus auditis, metropolita dixit eis: «Cur *urge- p. 11.
35 tis eum? Videte, quaeso, quomodo facies eius luceat! Praestantior
est vobis ille ». Quibus auditis tacuerunt; sanctus autem gavisus,
non gloriabatur ob ea, sed gratias agebat et laudabat *Deum*.

Qui una cum rege in terram Davarro cum proficisceretur,
adduxerunt filii eius viaticum iumentis et euntes secum fere-

bant impedimenta et iumenta, ut mos est portae regis. In via aufugit asinus unus cum sarcinis ei impositis. Narratum est de eo patri nostro et dictum: « Aufugit asinus cum bonis tuis ». Quibus auditis maestus fuit pater noster et dixit: « Fiat voluntas Dei! ». Postridie inventus est asinus ille oneratus sarcina sua, 5 propter precationem patris nostri electi, cum neque bestiae tetigissent eum, neque latrones abstulissent.

Cum in Davarro esset, dedit ei rex mulum et calceos magnos, et Ṭiṭum (?) secum ad castigandum abduxit. Qui cum afflictus esset die constrictionis, venit *sanctus* ad regem cum praecepto- 10 ribus (mamherām) et consecutus est gratiam eius. In via supervenit ei ventus magnus turbinis diabolicus, qui ab eo benedictus in duas partes divisus est. Quod videntes multi, venerunt ad eum et dixerunt: « Salve! ». Die Theophaniae gustavit aliquantum cerevisiae, salivae quantitate. Cum Apocalypsin Iohannis 15 recitaret, aqua precis ebullivit. Quod videns homo quidam, dixit ei: « Noli recitare ». Cum socius eius fatigatus in ascendendo montem esset, tutelam eius in sequendo rege suscepit, nam psalterium Davidis et onus et sartaginem ferream et pelvim eius fictilem suscepit, ut ipse portaret; ille autem expeditus ibat. Quod videns 20 procul rex dixit: « Ecce re vera monachus! ». Et in cohorte regis dixit *satelles* quidam: « Precare, ut in domos nostras revertamur ». Dixit: « Melior est nobis in caelo domus ». Iter faciendo non fatigabatur, ter vel quater cum ieiunaret, ii qui edunt et bibunt et onera *sua iumentis* imponunt, fatigantur. 25 Precando a peste liberavit, et cum precaretur, verba non faciebat, et noctu valde vigilabat, et lacrimae eius sicut aqua fluebant. Et in Qasā (?), cum venissent ad eum bestiae, prece eius abactae sunt. Deinde icit pestis manum eius, et obiit pater noster Ferē-Mikā'ēl xviii die mensis sane. Amen. 30

II

GADLA ZAR'A-ABREHĀM

SEU

ACTA SANCTI ZAR'A-ABREHĀM

INTERPRETATUS EST

BORYSSUS TURAIEV.

Codice (Coll. d'Abbadie, n° 161) quo continentur acta sancti Ferē–Mikā'ēl, habetur quoque vita sancti aethiopis Zar'a-Abrehām (Semen Abrahae). Hic eodem tempore ac Ferē-Mikā'ēl vixisse videtur, nempe saeculo xv. Dignitate militari qua apud regem, cuius nomen in Actis silentio premitur, functus erat, relicta, monachus factus est et, sicut Ferē-Mikā'ēl, Honorii (Anorēwos), primi provinciae Warab antistitis et monasterii in Ṣegāgā fundatoris, memoriam sepulchrumque honore praecipuo colebat.

B. T.

ACTA SANCTI ZAR'A–ABREHĀM.

In nomine Sanctae Trinitatis,
Unius potestate et consilio,
Cuius dies ignoti sunt,
Quae in saecula saeculorum permanet,
5   Quae caelum sicut cameram suspendit,
Quae terram super dorsum maris stabilivit,
Quae libravit in pondere montes
et colles in constantia staterae;
ante Quam nullus deus fuit,
10   et post Quam nullus erit,
Quae est Deus primus et novissimus,
Rex regum non abrogandus,
Qui ipse constituit et abrogat,
Qui facit secundum voluntatem suam
15   et omnia ad cogitationem suam ictu temporis absolvit.
Huiusmodi Deum laudemus et canamus,
Illum decet laus et honoratio
per saecula saeculorum. Amen.
   Incipimus, adiuvante Deo Opifice,
20   scribendo vitam et labores
Zar'a-Abrehām, schemate monachorum induti,
qui corpus suum vexavit,
qui rore Rāmā [1] irrigatus fuit.
Audite, igitur, o dilecti mei, tacendo,
25   mentionem nominis Zar'a-Abrehām,
qui stando permanebat, ut somnum depelleret.
Nemo est, qui iniuria iustum virum offendat,
ut dixit propheta diligenter:
« Qui timet Dominum, non formidabit [2] »

30   Fuit vir quidam fidelis, Amḥā-la-Ṣĕyon nomine, nobilis genere, p. 16.
et militum regis praefectus. Uxoris eius nomen erat Walata-
Ṣĕyon. Deum timebant et in matrimonio legali vivebant, et Deum

---

[1] « Aethiopibus est *nomen coeli tertii* » (רָמָה) DILLMANN, *Lex.
aeth., s. v.* — [2] *Sap. Sirac.*, XXXI, 16.

orabant, ut sibi filium benedictum daret. Et die conceptionis sancti,
quo Amḥā-la-Ṣĕyon uxorem suam cognovit, magnus terror fuit:
contremuit statim cum ipsa domus, tum omnia quae in ea erant,
usque ad laquearia super eam posita. Neque recessit ab ea
timor ex hora illa noctis, cum illucescit dies, usque ad vespe- 5
ram, neque sciebat quid esset. Cum vesperasset, recessit ab
ea timor tremorque, et conceptus est in utero eius filius lae-
tabilis. Novem mensibus post, ut mos est, dolores partus subire
coepit; non aegrotavit tamen vehementer, sed priusquam feminae
obstetrices ad eam vocatae essent, sanctum peperit. Statim lu- 10
cernam lucis ex adverso parvuli adspexit et velavit propter ti-
morem faciem suam. Cum velamentum suum aperuisset, iterum
lucernam lucis ex adverso parvuli sui adspexit. Cum feminae
obstetrices venissent abscondidit se lucerna illa. Deinde sumpsit
eum et lactavit eum, mirata. Et gavisus est pater eius quod 15
peperit uxor sua. Ut scriptum est, attulerunt eum ad sacerdotem,
ut baptizaretur. Et baptizatus est, et Zar'a-Abrehām nominatus.
Et crevit parvulus ille, et in timore Dei educatus est.

Die quodam, cum ille cum parvulis colluderet, venerunt ad
eum Angeli ignei, qui sanctum vocaverunt eique dixerunt: 20
« Veni, vocat te Dominus! » Dixit iis: « Venite, ducite me! ».
Cum iret cum iis, sequebatur eum e parvulis unus, qui corporis propinquitatis vinculis cum eo coniunctus erat. Quo viso,
iusserunt sanctum reverti, et reversus est. Iterum vocaverunt
eum dicendo: « Proficiscamur! ». Et coepit iter facere. Cum iret, 25
iterum sequebatur eum parvulus ille, sicut antea. Iterum iussus
est: « Revertere, etiam nunc; cur sequi te facis et tecum alium
adducis? ». Deinde vocaverunt eum dicentes: « Veni, sequere
nos ». Tertium vocatus, solus secutus est eos sanctus, postquam
iusserat socium suum reverti neque se sequi, qui reversus est. 30
Sanctus autem, cum igneis illis profectus, in ecclesiam sanctam
p. 17. arcae Michaelis, *capitis vigilantium, intravit, et ibi vidit virum
terribilem, in throno sedentem et igne vestitum. Dixerunt sancto
ignei illi, qui eum vocaverant: « Prosterne te », et prostravit
se. Tunc audivit vocem gaudii, et ignei narraverunt ei de magnis 35
rebus, et in throno sedens ille iussit dixitque: « Ducamus eum,
ut nobiscum sedat ». Tunc adducta est flens mater eius, et
propter matris fletum dimissus in locum, ubi ludens sederat,
reversus est.

Postea, adultus in arcu tractando hastaque iaculanda, in equi-
tando et venando instructus est. Paullo post obiit pater eius; sanctus autem uxorem duxit, ex qua liberos non procreavit, et
cum ea vivebat. Deinde illa, priusquam concepisset, obiit. Et
5 sanctus Zar'a-Abrehām maestus planctu magno deflevit eam.
Postquam luctum deposuit, Deus gaudio affecit eum, et ad lau-
dationem suam suscitavit. Deinde, in officio constitutus, et in
locum patris sui militum regis praefectus factus, validus et
fortis fuit, et in bello luctator. Iterum duxit uxorem, ne cum
10 femina alterius peccaret: non enim intrabat ad feminam nuptam,
verbum Pauli in mente tenens: « qui se continere non potest,
uxorem ducat: melius est enim uxorem ducere, quam forni-
cari ¹ ». Paullulum temporis cum ea vixit, neque tamen illa liberos ei peperit, et obiit, sicut prior uxor eius. Flevit eam amare.
15 Postea coepit per singulas horas precari et se prosternere
quantum potuit, cum praefectus militum esset. Et inchoavit ieiunium, et vespere post prandium in lacum magnum descendebat,
ibique stans, donec dies illucescebat, commorabatur. Ita vigilando permanebat. Quodam die venit ad eum pater noster Za-
20 Libānos, praeceptor eius et dixit ei: « Cur, mi fili, in lacu com-
moraris, quaeso? Cave tibi a diabolis, cum non presbyter, nec
diaconus sis, ut scripturas recites et diabolos vincas ». Respondit
sanctus: « Dominus Deus meus adiuvabit me, diaboli non su-
perabunt me. Nunc veni, mi pater, ut tibi lacum, in quo maneo,
25 monstrem, et benedic mihi ». Dixit ei praeceptor eius: « Eamus,
*monstra mihi! » Surrexit sanctus Zar'a-Abrehām, et cum prae- p. 18.
ceptore suo profectus, monstravit ei lacum magnum, in quo
commorabatur. In ripa lacus huius magnae arbores et spinae
erant, incultus locus ille belluarum et hyenarum erat. Quo viso,
30 miratus praeceptor eius obstupuit et dixit ei: « Hoc iter desertum est; nonne te belluae devorabunt? nonne tibi diaboli
bellum inferent, cum noctu te invenerint? » Respondit sanctus
et dixit ei: « Potentia Dei servabit me a belluis et a diabolis ».
Dixit ei praeceptor eius: « Fili mi, non licebit tibi, lacus enim
35 terribilis est; cum undae exsurrexerint, submergeris pessumque
ibis ». Dixit sanctus: « Quid mihi, si unda fluvii me submerserit?
Nonne resurget corpus meum, terra, tutelae suae commissa, red-

¹ Cf. I *Cor.*, VII, 9.

dente [1], aut nonne perveniet ad Deum anima mea? Nunc benedic
mihi, mi pater ». His auditis, valde miratus est pater eius et benedixit ei, et in monasterium suum reversus est. Sanctus autem in
consuetudine sua perseveravit, cum in lacu commorabatur. Cum
descendebat, sequebantur eum Angeli caeli, tura dantes et lu- 5
cernas accendentes. Et cum e lacu exibat, faciebant eadem et
eum in aedes eius adducebant. Talem consuetudinem sibi fecit.
Et fuit pauperum amator. Et in domo sua instituit, ut sollemni
quoque die edere et bibere ecclesiae daretur et monachorum
tutelae id committebat. 10

Cum ad bellum cum militibus profectus esset, convenerunt
turmatim viri pagani, ut cum Christianis dimicarent. Quibus visis,
Christiani se ad pugnam, cum media nox esset, paraverunt.
Sanctus autem paullulum recessit et precari et se prosternere
coepit, et quingenties se prostravit. Tum in caelo versus orientem 15
tres soles valde lucentes et euntes vidit. Deinde apparuerunt ei
Pater, Filius et Spiritus Sanctus, sub trium virorum specie, et miratus est. Deinde convertit eum Deus e bello. Tum voluit monachus fieri et venit ad patrem nostrum Za-Libānos e monasterio
Yalmetan, et monachus factus est. Repudiavit opes et posses- 20
siones, domos et agros; amavit pauperes. Et diebus Praedica-
tionis [2], cum clausis portis septem diebus ieiunasset, *surripuit
eum Spiritus in montem altum et sustulit eum super verticem
eius. Datae sunt ei alae, sicut aquilae, et vidit ibi quattuor an-
gulos mundi, quo valde gavisus est. Quodam die apparuit ei 25
pater noster Antonius et loquebatur ad eum facie ad faciem.
Et dedit ei gratiam, amorem et concordiam cum eo iunxit. Et
ab eo tempore in laboribus permanebat, cum prudentia prae-
ditus luctaret.

Deinde voluit in regionem Ṣegāgā in monasterium patris no- 30
stri Honorii gratiae pleni proficisci, et nuntiavit matri suae
monachae, et dixit ei: « Ibo in Ṣegāgā ». Dixit ei mater eius:
« Quando videbo te, nam cor meum, caritate affectum, dubitat? ».
Dixit ei Sanctus: « Quid tibi opus est me in corpore videre?
videbis me animo; melius est tibi, ut gratiam apud Dominum Deum 35
nostrum inveniamus ». Et prosecuta est eum mater eius, amare

p. 19.

---

[1] Cf. *Henoch*, LI, 1. — [2] « Nomen festi ecclesiae Abyssinicae, sc. introitus ieiunii Adventus ». DILLM., *Lex.*, *s. v.*

flendo, et cum ea homines civitatis unanimiter. Et venit ad sepulchrum patris nostri Honorii iustus vir ille, ibique habitaculum
suum posuit. Et illuminabat ei Dominus lucernas lucidas in
domo eius, cotidie, in tenebris noctis. Cum intrabat aut exibat,
5 praecedebat ei vir quidam, et ducebat eum, ignorante sancto
quis esset vir ille. Quodam die apparuerunt illi iusto viro pa-
tres nostri Honorius et Frumentius et dixerunt ei: « Pax tibi;
noli timere neque dubitare, nam evangelista eris cum viris Damot electis et sanctis et concordibus; multi monachi erunt in
10 regione Damot, eremitae et abstinentes, labores subeuntes et
luctatores ».

Cum in regionem Sāmbabo cum sacerdote quodam proficisceretur, apparuit ei, ut consuetudo erat, vir lucernam ei ac-
cendens stando. Postea in throno excelso consedit, lucernam
15 splendentem tenens. Interrogavit sanctus et dixit: « Quis est,
qui stans lucernam mihi accendit et in throno consedit? ». Responderunt ei et dixerunt ei qui cum eo erant: « Qui lucernam accendit Iohannes est Colobus; ille est, qui stat et qui
sedet ». Deinde ad sepulchrum patris nostri Honorii reversus,
20 precans, sicut ei mos erat, permansit ibi, et dixit sermonibus   p. 20.
cum sanctis oblectaretur: « Quomodo *damnabitur anima pec-
catoris, quem notum habebam, qui resurrectionem mortuorum,
cum Christianus sit, negat? ». Quodam die apparuit peccator iste
patri nostro Zar'a-Abrehām, viro iusto, et dixit ei: « Sum pater,
25 in damnatione; intercede pro me apud Deum tuum ». Quo audito,
sanctus, valde contristatus, apud Deum altissimum supplicare
coepit et impegit sibi clavos ferreos quinque: duos in aures
suas, unum in nasum, in palmam manus dexterae et sinistrae
duos infixit. Ea nocte manifestavit se ei denuo peccator iste et
30 dixit ei: « Misertus est mei Deus propter preces tuas ». Tum
laetatus est sanctus.

Revertamur ad principium narrationis interruptae. Postquam
inchoavit certamen bonum, cum ad commorandum in lacu iret,
vidit et invenit in via diabolum impurum, et timore eius cor-
35 reptus est. Diabolus autem ante eum stetit. Tunc obsignavit eum
sanctus in nomine Trinitatis, et statim vocem de caelo audivit
dicentem: « Noli timere et tremere, o serve Dei; Maria, domina
omnium, semper tecum est. Vide hunc thronum magnum: si
viceris diabolum istum, in throno hoc sedebis ». Qua voce au-

dita, stabilis et validus sanctus factus est et certamen adauxit.
Diabolus autem evanuit et pulvis factus est. Commoratio sancti
in lacu non paucorum dierum fuit, sed duodecim quadragesi-
marum, cum esset in saeculo, totidemque cum monachus esset.
Propter ea magnam gratiam et gloriam invenit, et in visione 5
multas vaccas vidit stantes sine numero a Zera-Qarqi usque ad
'Enagomāy, et octo tauros magnos cum illis. Paucis diebus post
supplicando huius rei interpretationem cognovit: vaccae, animae
hominum sunt, magni autem tauri, praefecti (makuānent).
Deinde adauxit sanctus certamen suum et laboribus affecit corpus 10
suum. Non ascendebat in lectum strati sui, neque dabat somnum oculis suis et palpebris suis dormitationem et requiem tem-
poribus suis [1], sed commorabatur stans pedibus suis. Et cum
p. 21. stando precaretur, audivit e caelo vocem, quae dixit : « Pax *tibi,
horae observator, qui sine cessatione evidenter es ». Et cum 15
multum staret et laboraret, exierunt e pedibus eius vermes,
putruit corpus eius et ceciderunt frusta de corpore decerpta,
quae sumpta sepeliverunt discipuli eius. Et cum in his omnibus
afflictionibus esset, preces non intermisit. Et quodam die dixit
in [2] visione sua: « Cum ex ecclesia exirem, cecidi in faciem 20
meam, et sustulit me vir, mihi ignotus, cui locutus sum et dixi:
' Cur cecidi hodie? ' Respondit et dixit mihi qui me sustulit:
' Quia gravis es ob magnum ornatum tibi datum '. Tunc sustuli
oculos meos et vidi multos reges ornatu indutos, et magnos prae-
fectos (makuānent) quibus ornatus erant. Paullulum recessi 25
ab illis et vidi Mariam reginam, ad quam veni, et vidi Iulianam
et Enmāmarēnam velamentum super caput Virginis tenentes,
cum una a dextera staret, altera a sinistra. Inter illas cum Maria
Virgine Sibyllam conspexi, quam, valde gavisus, vocavi et dixi:
' Sibylla! Sibylla! filia mea, valesne? ' Respondit mihi Virgo 30
et dixit: ' Per dies quinque adduxi eam tibi, et non vidisti eam
ipse '». Deinde experrectus est sanctus a visione, quae eum ab-
stulerat, et valde propter Sibyllam gavisus est. Per multos dies
supplicavit pro ea, neque vestigium illius invenit; tunc propter in
visione contemplatam valde gavisus est, quia amabat illam. 35
　　Cum staret sanctus, non stabat solum, sed vigilabat et cru-

---

[1] *Ps.* cxxxi (cxxxii), 3-4. — [2] *Sic*; forte legendum « de visione »;
cfr. p. 28, l. ult.

cifixionem Creatoris cum meditatione precabatur. Trabem, ubi
stabat, extensam impositam ad imaginem crucis fecit, altera in
latitudinem eius adaptata. Cotidie noctu a Completorio usque
ad Matutinum manus suas extendebat et funiculo eas adligabat,
5 et collum suum funiculo trunco arboris adligabat, et in hac
agendi ratione quinque annos peregit. Et prae multo dolore,
cum truncus arboris collum eius vexaret, intumuit ut collum
bovis iugo tempore arationis oneratum, tergumque eius incur-
vatum fuit. Et ex eo tempore, quo initium standi posuerat, per
10 quinque annos in mente sua recordabatur, quo modo crucifixus
esset Creator *suus, et quo modo denudatus vestibus eius, et quo   p. 22.
modo consputus. Deposuit statim sanctus vestes suas et stetit
nudus, attulit cinerem et coopertus totoque corpore unctus eo
est, et flevit amare, Davidis psalterium canendo. Tunc hora sexta
15 venerunt ad eum tres viri honorabiles, quorum super capita
flamma ignea fulminabat. Hi viri erant Pater et Filius et Spiritus Sanctus, qui locuti sunt et dixerunt ei: « Cur nudus et
cinere unctus stas? ». Et illico imperarunt leoni magno, quem
secum adduxerant, et dixerunt ei: « Iter dirige ». Rugiit leo
20 et sonum edidit. Sanctum autem induerunt Domini illi luce
gratiae magna, et evanuerunt Pater et Spiritus, Filius autem
octo dies, consolans eum, cum eo permansit, et octava die ab eo
evanuit.

Iterum, diebus ieiunii attulit ei homo quidam, qui eum amabat,
25 pellem capri, floribus intertextam, quem sanctus induit. Deinde
exuit et dedit alii pellem illam, aspernatus eam et nudus, ut
antea, cinere vestitus est. Tum audivit vocem in curru, quae
dixit: « Gaude et laetare ». Et locuta est multa, quod vestem
repudiasset et alii dedisset. Quibus auditis gavisus, alte saliit
30 sanctus. Et si scripsissemus quo pervenit saliendo, dicerent homines: « Unde supervenit mendacium istud? » Quam ob causam
illud non scripsimus.

Voluit etiam sanctus Zar'a-Abrehām omnia repudiare, et con-
gregavit sanctos fratres suos, et dixit iis: « Quo modo in regnum
35 caelorum intrem, cum dives sim? » Responderunt et dixerunt ei:
« Quid habes? ». Dixit iis: « Psalterium Davidis et Apocalypsin
et Iohannis Evangelium, et vestem de pelle caprina, et tunicam
de pelle bovina. Omnis supellex domestica non est mihi deside-
rabilis, ut mihi in terra comparem ». His dictis, omnia repu-

diavit, et dedit alii Psalterium Davidis et Apocalypsin et librum
Iohannis, et vestimentum suum repudiavit et alii dedit, et vivebat cum alio Psalterio et cum aliis libris, cum cantaret et
precationes faceret. Et a permultis laboribus, cum vexaret eum
morbus gravis, quominus in ecclesiam iret impeditus, maestus 5
p. 23. fuit et dixit: « *Quid faciam, cum inchoatum certamen deserue-
rim? ». Et venerunt ad eum Pater et Filius et Spiritus Sanctus
sub trium virorum imagine, et consolati sunt et gaudio affe-
cerunt eum, et attulerunt ei cenam sanctam, quam unus ex
illis, ut sacerdos, porrexit ei, cum alter subdiaconus esset, et 10
tertius officium diaconatus ministraret. Propter haec, non in
ecclesia sed in domo eius peracta, valde gavisus est.

Deinde preces et ieiunium adauxit, cum se ab aqua bibenda et
sale sapido etiam diebus festorum et sabbatis consumendo absti-
neret, et ita sex annos usque ad mortis suae diem peregit. Itaque 15
a cibo edendo, a pane vel tosto vel cocto se abstinuit, et vivebat quinque annos non gustando, uno anno postquam ab aqua
bibenda et sale consumendo destitit. Et fecit sibi cibum folia
et betam et herbam terrae, et quod e fructibus arborum co-
mestibile est. Paucis diebus post, incepit edere decimo vel duo- 20
decimo die postquam olus et sinapi vel linum cocta erant, cum
foetidus esset odor foedus arborum et herbarum, quae comede-
bantur. Cotidie manu iuvenis cuiusdam sine misericordia arbore
venefica, in qua multae spinae erant, millies flagellabatur. Cum
venissent ad eum homines peccatores, ut se tutelae eius com- 25
mitterent, pro iis tribus milibus verberum, donec viam eorum
inveniret, flagellatus est. Et diebus Passionis, cum passionum
Domini sui recordaretur, moerebat et flebat vehementer et ter vel
quater vel quinquies millies flagellabatur. Et die crucifixionis
crucifixionem Domini nostri recordabatur, quid fecissent Iudaei 30
Filio propter amorem eius erga homines. Et dicebat: « Quomodo
patienter tulit Dominus, caeli terraeque Rex, qui sedet super
Cherubim [1] et qui cernit interiora abyssi, quomodo sicut latro
correptus est noctu et a retro contumeliis affectus? Quomodo
crimen falsum ei obiectum est, cum patientia indutus passiones 35
suscepit? Quomodo ut crucifigatur deductus, apud pontifices
accusabatur et vestibus nudatus est, et coram Pilato constitutus?

---

[1] *Ps.* xcviii (xcix), 1.

Quomodo *Iudaei alapas ei ducebant et verberabant et arundine   p. 24.
caput eius percutiebant? Quomodo sputum suum impurum in
faciem eius spuebant, et manus et pedes eius perfoderunt et
acetum cum felle et myrrha mixtum bibere *ei* dederunt? Haec
5 omnia passus est Dominus propter amorem erga homines ».
Et sanctus eo tempore decies millies arbore rosae sanctae, spi-
narum plena, flagellabatur, in animo tenens Domini flagellationem. Et percutiebat caput suum cultro acuto, et destillabat
cruor eius manans ut patellam expleret. Et accepto *ad adiu-*
10 *vandum* discipulo suo, terram fodiebat, in eam cruorem suum
effundebat et pulverem supra ingerebat. Et in aures suas duos
clavos ferreos fecit, illisque perfodit se. Et cum Dominus aceto
potatus fuerat, stercus bovinum acerbum cum aqua expressum,
cum felle mixtum, bibebat. Tunc usque ad diem Resurrectionis
15 flendo permanebat.

Et cum supplicaret pro peccatoribus, cibum suum pulverem
fecit, neque edebat quidquid, cum de misericordia *Deum* ro-
garet; augebat ieiunium precesque. Et induebat palmae folia
vestis loco, donec scabrum fieret corpus eius; induebat etiam
20 cilicium, cum supplicaret, et adaugebat certamina, donec Deum
misericordia affectum videbat. Multoties visitavit eum pater
noster Adam, inductis, ut sectarentur, filiis suis Abel et Seth, et
dixit ei: « Pax tibi, Zar'a-Abrehām, et pax patri tuo, Newāya-
Māryām et omnibus filiis Amḥa-la-Ṣĕyon ».
25 Cum precibus supplicibus magnopere oraret et in vigiliis perseveraret, rogavit et dixit: « Homo, cum sit servus, domini sui
sedile portat, ego autem thronum Domini Dei mei portare opta-
rem, nam servus eius sum ». Et audivit Deus precationem eius
et accepit precem eius et satisfecit desiderio eius, cum paucis
30 diebus post in excelsa eum surriperet et thronum suum Cherubim ritu portare iuberet, et coniunctim cum illis eum con-
stitueret; deinde in terram ad voluntatem Dei reversus est, et
Cherubim cotidie custodiebant eum, cum iret et cum in terra
ruri esset.
35 Quodam die rapuit puer quidam avem parvam, qĕṭrāqĕṭrin
nominatam, et fregit alas eius, ne avolaret, quam ob causam
morti illa appropinquabat. Sumpsit illam monachus quidam et
porrexit beato et sancto Zar'a-Abrehām, qui de illa, manu sua
accepta, maestus fuit et precatus est. Deinde spiravit super illam,

p. 25. et illico *salva facta surrexit et in desertum avolavit; sanctus autem propter illam gavisus est. Cotidie avis illa ad portas eius accedebat, ut grana et micas peteret, quam cum viderent discipuli dicebant: « Haec avis abbae patris nostri est », et illi arridebant. 5

Vir quidam, bonitate praestantiae patris nostri Zar'a-Abrehām audita, festum commemorationis eius fecit die memoriae patris nostri Abraham, xxviii mensis mechir, qui est nahasē, et dedit ecclesiae unum panem, et anno post dedit duos, et decem annis post dabat decem panes annuatim, et narravit haec sancto 10 et dixit ei : « Inchoavi commemorationem tuam, dum in corpore es, die memoriae patris nostri Abraham, est enim nomen tuum Zar'a-Abrehām ». Quibus auditis, miratus est sanctus et benedixit ei, et vovit pro eo quinque flagellationes unaquaque nocte, quas usque ad diem obitus sui non intermisit. 15

Fecit miraculum homini cuidam, qui venerat ad se flens propter frumenti inopiam. Milites enim regis, a praefecto iussi ligaverunt eum, dicentes: « Da nobis septem modios, quos tibi praefectus imperavit ». E septem modiis, tribus a fure deletis, quattuor tantum illis mensus est. Et multiplicati sunt et facti 20 sunt septem precibus patris nostri sancti. Ita homo ille e manu militum ereptus est, et valde gavisus narravit sancto, qui subridens dixit ei: « Donavit tibi Deus plenitudinem unius [1] modii frumenti [2], itaque multiplicatus est tibi, et salvus es ».

Quodam die apparuerunt in palmis manuum eius signa ro- 25 tunda, quasi calamo picta, quo miratus, clavos in manus suas infixit, cum in domo sua stans vigilaret. Tunc venerunt ad eum homines cum e propinquis, tum e remotis locis, ut in tutelam eius se committerent, qui per fenestram salutaverunt eum et osculati sunt palmas et digitos eius. Et Deus multas promis- 30 siones dedit ei, dicens: « Quicunque palmas et manuum tuorum
p. 26. digitos osculatus erit, *a me tui gratia misericordia afficietur ». Sanctus, valde gavisus, non gloriabatur.

Fuit aegrotus quidam, quem comprehendit saeva volutatio ad portas ecclesiae reiectum. Non intrabat domum, sed ab eo 35 tempore quinque annos vagabatur. Quo audito, sanctus in domum suam eum induxit et pro eo precatus est, coram Creatore

---

[1] *Sic* ms. — [2] Textus corruptus esse videtur.

suo dicens: « Domine mi, Iesu Christe, sanum fac hunc aegrotum
a morbo eius duro, vel animam eius accipe, et miserere eius,
nam misericors es ». Parvo tempore interiecto, audivit Deus
precationem eius et accepit animam aegroti, et illam sancto
5 monstravit, et secundum misericordiam suam cum eius, tum
viri iusti, propter precem eius misertus est.

Quodam die, cum precaretur pater noster Zar'a-Abrehām,
exoptatus opere, adducti sunt ad eum tres myriades parvulo-
rum, quos sumptos ad Dominam nostram Mariam Virginem ad-
10 duxit et tradidit ei, quae illico benedixit illis et dedit ei. Et
secuti sunt eum, et cum eo benedictione accepta profecti sunt.
Deinde parvulus quidam, cuius mentem diabolus rapuerat et
quem in terram deiiciebat, per noctes clamare solebat. Surrexit
pater eius et portavit eum ad patrem nostrum Zar'a-Abrehām,
15 cui narravit, quo modo filius eius morbo affectus esset. Spiravit in eum sanctus et purgavit eum aqua precis, quo facto
exiit diabolus ex eo et salvus factus est parvulus ille vi precis
sancti.

Videte: vir iustus, cum sit honorabilis,
20   et aegrotum prece sua sanum faciat,
peccator peccatis suis aegrotat.
Vir iustus vere venerabilis et excelsus,
et ut leo confisus est [1],
cum labores et certamina multiplicet.

25   Et hic Zar'a-Abrehām sese afflictavit, cum quadraginta dies
et quadraginta noctes, sacco vestitus perageret, neque aliud
vestimentum indueret. Iterum XL dies peregit palmae foliis vestitus. Et, cum venissent ad eum ad salutandum homines, neque
saccum neque palmae folia monstravit illis. Cum cucullum suum
30 et camisiam suam palmae folia fecisset, coram hominibus *tu- p. 27.
nicam super illa frictam et laceratam induebat. Et iussit facere
ad instar ligaminis cuculli ferrum in quo XLVIII clavi ferrei,
ut acus spineti erant, quod capiti suo imposuit, donec doloribus
vehementer afflictus est, ad memoriam coronationis Domini nostri
35 corona spinea die Parasceves, quo crucifixus est. Et ad cervi-

---

[1] *Proverb.*, XXVI:1, 1.

cem suum collare ferreum adegit, ne huc et illuc se verteret,
et ligavit brachia manuum suarum dexterae et sinistrae ferrea
catena. Cum in ecclesiam proficisceretur, ire non poterat, sed
propter magnum laborem portabatur. In domo sua propter mo-
lestiam reptabat, sicut parvulus, genibus et palmis manuum, 5
cum vulnerarentur membra sua et foetidum esset totum corpus
suum. Nolebat calore solis neque hieme neque aestate fovi.
Ita quinque annos manebat; menses autem et dies, qui e quattuor
annis restabant, Deus ipse scit. Non exibat e domo sua, sed
occlusus permanebat, neque reliquit e fenestris nisi unam, et 10
portam unam reliquit, per quam in ecclesiam iret. Quae non
sua sponte fecit, sed voce Dei e caelo iubente et dicente: « Fe-
nestras et portas claude!». Quam ob causam occlusit neque
aperiebat, cum vere prudens esset. In hoc labore permanens,
dixit Sanctus: « Cepit me in visione cogitatio mea et spiritus 15
me abstulit, et mihi urbem lucentem et valde extensam monstravit, ubi multos sanctos, luce vestitos vidi. Tunc interrogavi,
dicens: ' Haec urbs, cuius est?' Dixit mihi: 'Horum sanctorum, valde honoratorum '. [1] Et respondit et dixit mihi: ' Haec
urbs Pantaleonis eremitae hereditas est; quos autem in illa 20
habitantes vides, monachi sunt regionis Aethiopicae '. Videns
miratus sum. Deinde mihi, in aliam urbem, lucentem et extensam abducto, illam quoque monstravit. Dixi ei: ' Haec urbs
lucens et extensa quorum est?' Respondit et dixit mihi: ' Tua
est; multi sancti intrabunt in eam tecum: innocentes e Bethlehem 25
p. 28.   et monachi eremitae et absconditi '. *Videns gavisus sum valde:
' Haec urbs enim melior mihi, quam prior visa est ' ». Propter
ea pater noster Zar'a-Abrehām certamina et labores suos auxit.

   Sacerdos quidam, praestantia patris nostri Zar'a-Abrehām
audita, venit ed eum et dixit: «Confugio ad precem tuam, pater, 30
morbo gravi affectus ». Dixit ei sanctus Dei: « Videat Deus
fidem tuam! » Et commisit se tutelae eius sacerdos ille, et con-
fidens abiit; sanctus autem clavos ferreos fecit, quibus aures
suas et nares, ut capistro, perfodit, et, pulvere vestitus, pro
eo ieiunavit.   35

   Cum pagani contra Christianos surrexissent, misit rex ad
eum epistolam, dicens: « Pax tibi, pater noster Zar'a-Abrehām,

---

[1] Aliquid omissum esse videtur.

supplica pro nobis, ut Deus victoriam nobis in paganos det, ne
ecclesias deleant, obsecramus te, pater». Hac epistola audita,
maestus fuit sanctus valde, et regem miratus, dixit: «Quantum
humiliavit se rex honoratus! Ad servum mittens 'Mi pater'
5 dixit!». Propter haec clavos auribus suis fecit, et, pulvere vestitus, coram Creatore suo gemebat et dixit: «Da, Domine,
regi nostro victoriam in hostes eius, et fortem exercitum eius
redde!». Multi sancti eodem modo supplicaverunt, et Deus omnipotens precem patris nostri Zar'a-Abrehām audivit, et preca-
10 tione eorum qui cum eo erant audita, exercitui regis nostri
fortitudinem et in paganos victoriam dedit. Multa praeda sumpta
est, multa tropaea ablata sunt. Ita vis paganorum precibus
sancti devictorum defatigata est. Rex autem, cum hostium cla-
dem vidisset, gavisus et laetatus est.
15 Deinde misit ad eum nĕbura-'ĕd, qui vinctus in carcere manebat, et dixit ei: «Supplica pro me, ut liberet me Deus a
vinculis meis, et e carcere me educat». Quibus ex ore nuntii
auditis, sanctus Zar'a-Abrehām more suo clavos acutos in aures
suas, ut ante, fecit, et septem diēs pro eo supplicabat. *Et die p. 29.
20 septimo audivit Deus precationem eius, et pastorem gregis e
carcere verbo regis potentis eductum, a vinculis liberavit. Videte, dilecti mei mente, quantum valeat viri iusti deprecatio et
quam efficax sit![1]. Et hic sanctus Zar'a-Abrehām multoties
se afflictavit ob proximi amorem, et animo prompto certabat.
25 Et propter labores eius monstravit ei Deus in urbe lucente septem thronos magnos et dixit ei: «Sedebunt filii tui in his
thronis, nam sunt honorati, et qui e filiis tuis superfuerint, in
hanc urbem intrabunt».

Propter ea gavisus est sanctus Zar'a-Abrehām,
30 margarita nomine, et portator laborum et dolorum
sudore, lassitudine, prece, ieiunio,
vigilando, stando.

Deinde, pro vigiliis eius foedus cum eo Deus, misericordiae
mare, pepigit et dedit ei donum, verbo suo non mendaci dicens:
35 «Misertus sum, tui gratia, eorum qui geniti erant tecum, sive

---

[1] Cf. IACOB., v, 16.

corpore, sive spiritu, eorumque qui confugerant ad te. sive eundo, sive ad te mittendo, cum dicerent: 'Preci tuae me committo, noli mei oblivisci'; sit tibi tributum filius et filius filii eius usque ad decimam generationem, et misertus sum eorum tui gratia». Qua voce audita, factus est sanctus fortis et validus et certamen adauxit et dixit: « Cum precans starem, hominem quemdam in visione vidi, qui ad me accessit et ad Deum in caelum spiritum meum sustulit, deinde in hortum deduxit, ubi duos parvulos, filios fratris mei Newāya–Māryām aspexi, qui ad me accesserunt et me salutaverunt. Interrogavi eos, dicens: 'Ubi est pater vester Newāya–Māryām?' Statim, priusquam allocutionem finissem, subito mihi apparuit. Allocutus eum, dixi: 'Quomodo vivis?' Respondit mihi, dicens: 'Cum duodecim Apostolis sum coniunctim: illi me semper custodiunt, et unus eorum hic est'. Illico custodientem sub specie imaginis vidi.

p. 30. Cum in hortum descenderem, multi vivi mecum *descenderunt; ibi vidi sanctos quiescentes, quos salutare volebam. Tum vocem audivi dicentem: 'Non licet tibi, ut eos osculeris, nam a Seraphim et Cherubim custodiuntur'. Vir quidam adduxit me ad feminam quandam honorabilem, post quam altera femina foris sedebat et magna erat. Collocavit me ad pedes suos et dixit ei, quae post se sedebat: 'Hic vir suavis factus est', et multum laudabat me coram illa, et dixit mihi: 'Haec gratia et hic honor quam ob causam tibi data esse videntur? Profecto propter laborem pedum tuorum'. Tunc experrectus sum». Iterum dixit: « In visione ducebat me vir quidam, mihi ignotus, et adduxit me in locum, ubi erat Domina nostra Maria, quacum collocutus sum. Et prehendit cervicem meam, et os meum osculata est. Omnes qui cum ea erant, flebant, et lacrimis eorum membra mea unxi, sudore oris Mariae aspersus sum. Tum mihi vestimentum monachale dedit: zonam, camisiam, cucullum, stolam perfectam. Et allocuta est mihi dicens: 'Haec ordinatio in generationes generationum, usque ad saeculum sit'. Deinde experrectus sum, et valde laetata est anima mea».

Nonne stupenda est cogitationi
memoriae huius viri iusti narratio,
qui solitarius permanebat?

qui a tempore quo monachus factus est, non spuebat in terram

honoris corporis sanguinisque Filii Dei gratia, cum ab eo tempore usque ad diem mortis eius xvii anni praeterierunt.

    Cum in domo sua esset et precaretur, venerunt ad eum duo
sacerdotes valde honorabiles, qui apparuerunt patri nostro Zar'a-
5 Abrehām et dixerunt: «Noli abire vel exire sive in proxima
sive in remota loca, a sepe hac prope domum tuam, obsecramur
te et tibi interdicimus, nam sacerdotes sumus». Et monstra-
verunt ei limitem circumeundo, cum pater noster ignoraret eos.
Deinde evanuerunt ab eo sacerdotes; ille autem ab hoc tempore
10 limitem non transibat. *Et auxit certamen et labores, cum mul-   p. 31.
tum vexaret et afflictaret corpus suum, et abstinentiam consuetudinem suam faceret, et Dei voluntatem perageret, xiii annos
non gustavit cerevisiam, etiam diebus festorum vel sabbatis,
neque e gremio montis ecclesiae exiit, neque extra portas xi annos
15 ambulavit, neque faciem feminarum vidit. A tempore quo non
edebat, accipiendo coctum vel olus vel similia a feminis praeparata, insulsum vel sapidum, sex annos peregit. Quam ob causam diaconus quidam monachus dixit: «Vidi spiritu de sancto
Zar'a-Abrehām visionem. Vidi librum magnum, quantus est
20 liber Actorum Martyrum, in quo dimidium scriptum et dimidium vacuum erat». Prophetavit diaconus ille et dixit: «Magnus
certator erit ille Zar'a–Abrehām, vir iustus! Dimidium scripturae
plenum, narratio certaminis eius peracti est; charta vero non
scripta, manens ei certamen et futurus labor est». Sic vatici-
25 nium est elocutus, quod aperte perfectum est. Hic autem vir
iustus Zar'a-Abrehām, postquam certamen bonum inchoavit,
retro non est reversus, sed permanebat cotidie in legendo
libros quattuor Evangelii, et Apocalypseos Iohannis, et Psalterii
Davidis prophetae, et Cantici Salomonis, et Laudationum Mariae,
30 et «Portarum Lucis[1]», et Salutationum Sanctorum, quae legere
et interpretari non a sacerdotibus didicit, sed Deus ipse reve-
lavit ei, ut sibi canendo et voce sua multas preces recitando
ministraret.

    Adducti sunt ad eum duo aegroti: vir et femina; et morbus
35 huius aegroti durus erat vehementer, nam qui afflavit ventrem
eius, diaboli impuri spiritus erat. Dedit ei sanctus Zar'a-Abrehām

---

[1] Hymni sunt in Beatam Mariam Virginem in Aethiopia a Yaredo can-
tatore, ut dicitur, compositi. In psalteriis, post hymnos Weddāsē-Maryām,
qui apud Coptitas Theotokia appellantur, saepissime occurrunt.

aquam precis, et aliquot dies permansit, cum eam biberet et
ea ablueretur, et sanus factus est precibus viri iusti. Ita et
soror huius aegroti, quae cum eo venerat, sana facta est
aqua precis patris nostri Zar'a–Abrehām, margaritae probatae
et politae.   5

Pater autem noster sanctus vigil erat; a tempore quo
monachus factus erat, non radebat caput suum, neque ascendebat novacula verticem eius. Cum in ecclesiam intraret, nihil
cum hominibus praeter preces et cantum loquebatur, quam ob
p. 32. causam venit ad eum vir quidam diaconus *et monachus et, cum 10
eo collocutus, dixit ei: « Audivi vocem gaudii magni de absti-
nentia tua a loquendo in ecclesia: num tantum gratiae datum est
hominibus propter silentium? ». Et narravit illi omnia quae sibi
Spiritus Sanctus duobus diebus monstraverat, cum ipse, admi-
ratione perculsus, id incredibile putaret. Videte, dilecti mei, 15
quanta gratia silentii causa datur! Non decet in ecclesia verba
facere, nisi cantum; sanctus autem, praecepti huius memor in
ecclesia non loquebatur, neque in ecclesia tantum, sed in domo
sua diebus supplicationis nullam vocem, praeter cantus et preces,
emittebat. Et duodecim Apostoli manifeste apparuerunt ei, ut 20
sermonibus cum eo oblectarentur et eum visitarent. Et cognovit et dignovit faciem cuiusque eorum, et dilexit eos, iique
dilexerunt eum, et propter id dedit ei Deus hereditatem cum
Matthia Apostolo. Et supplicaverunt Apostoli pro patre nostro
Zar'a-Abrehām, dicentes: « Remunera, Domine, remunerationem 25
bonam servo tuo ». Respondit Dominus noster et dixit iis:
« Quid ei dabo? » Responderunt Apostoli: « Concede nobis, Domine ». Dixit: « Concedo vobis, loquimini! ». Et locuti sunt Ei:
« Tribue ei partem cum Matthaeo Evangelista: nam prius de-
disti ei cum Matthia, nunc cum illo dona ». Respondit iis Do- 30
minus noster: « Fiat sicut dixistis ». Dicto Domini sui audito,
valde laetati sunt Apostoli propter amorem eius. Et sanctus propter
hoc cum iis gaudio affectus est. Deinde dedit Deus, misericordiae
mare, hereditatem cum abbate Cyro e monasterio Scetensi huic
patri nostro sancto. Multos dies peregit, cum pulverem sicut 35
cibum ederet et eo membra corporis sui ablueret, ramo arboris
cedri abstergens: postquam absterserat, sanguis exibat e corpore; ita corpus suum afflictabat.

Quodam die dixit sanctus de visione sua: « Cum in loco meo

essem, surripuit me viventem Spiritus, et in urbem magnam,
quae Constantinopolis appellatur, deduxit. Ibi vocem Dei percepi,
quae dixit mihi: ' Dono tibi regnum Constantinopolitanum '. p. 33.
*Dixi: ' Quomodo rex ero, cum egenus monachus sim? '. Re-
5 spondit mihi vox illa: 'Concedo tibi, rex esto et in throno sede'.
Illico attulit thronum e nihilo et me in eo collocavit; tunc facta
est omnis institutio regni. Deinde in locum meum reversus sum,
cum tremeret cor meum et capta esset cogitatio mea ».

Ita narravit sanctis Aethiopiae,
10   quomodo rex fuerat Constantinopoli,
potestate Dei Opificis surreptus.

Fuit sacerdos quidam, Didimos nomine. Is venit ad quandam
civitatem, sed non est acceptus, cum ecclesiae custos ab habi-
taculo prohiberet eum et extra domum in pulvere et quisquiliis
15 collocaret. Cum illucesceret, maledixit sacerdos ille custodi ecclesiae. Dixit ei custos: «Absolve me, cur mihi maledixisti,
nam non es praeceptor meus, qui mihi solatium afferat? [1] ».
Sacerdos autem absolvere eum recusavit, et iratus profectus est.
Paullo post obiit custos ille anathematizatus, et pro facinoribus
20 remuneratione accepta, propter anathema catena ignea vinctus est. Hic autem sanctus Zar'a-Abrehām cognovit spiritu
animam custodis illius catena ignea vinctam esse, et cum venisset ad se vir quidam e civitate Zengat, narravit ei quomodo
vinctus esset custos ille, et misit ad sacerdotem et dixit ei:
25 « Dic sacerdoti: 'Absolve custodem quem anathematizasti, quod
extra domum in pulvere et quisquiliis te. collocaverat'; noli
dicere: 'Zar'a-Abrehām misit me', sed dic: ' Vir quidam narravit mihi illum vinctum esse, et me ad te misit ut illum ab-
solvas '». Tunc surrexit et ivit vir ille, sicut a sancto iussus
30 erat, et venit ad sacerdotem et narravit illi omnia de anathemate. Dixit sacerdos: «Quid ad me? Absolvat eum et mise-
reatur eius Deus ». Iterum cognovit sanctus Zar'a-Abrehām
vi spiritus in se habitantis, et liberatus est custos ille a catena
ignea, qua vinctus erat, prece huius sancti. Videte, dilecti
35 mei, magnum anathema esse; cum anathematizaverit vos sacerdos vespere, cur dicitis: «Mane absolvet nos », et *mane p. 34.

---

[1] De confessione et absolutione loquitur. Cf. DILLM., *Lex.*, p. 679.

anathematizati: « Vespere absolvet nos ». Num scitis quando ille
morietur vel quando vos moriemini? Oportet vos, cum a sacerdote anathematizamini, illico « Absolve nos » dicere et ve-
niam ab eo petere. Vos etiam, sacerdotes, cur anathematizatis?
Sine absolutione anathematizando nonne damnatis et punitis? 5
Si anathematizatis, quidquid est, propere absolvite; cur dicitis:
« Cras absolvemus ». Si mortui eritis, anathematizati a vobis in
anathemate morientur; vos autem propter id una cum illis dam-
nabimini. Si multa verba vobis de anathematizantibus et anathematizatis, quomodo damnantur, facerem, prohiberent me ab 10
historia Sancti interpretanda. Hic autem pater noster sanctus,
vere monachus, omnia spiritu cognoscebat.

Quodam die venit ad eum Dominus noster Iesus Christus et
dixit ei: « Pax tibi, dilecte mi, Zar'a-Abrehām; accipe ut or-
neris coronas septem, sicut Iohannes Colobus, quia stetisti 15
donec putrescerent membra tua et frangerentur crura tua et
torpescerent omnia membra tua ». Hac voce ex ore Salvatoris
nostri audita, sanctus valde laetatus est et septem coronas accepit. Deinde evanuit Dominus noster Iesus Christus, postquam
coronis eum ornavit. Sanctus autem labores addendo auxit, 20
preces et genuflexiones multiplicavit.

Quodam die venit ad eum vir quidam e filiis Stephani (Estifā)[1],
qui salutavit sanctum et cum eo verba spiritus collocutus est.
Dixit ei: « Diligunt ne istum qui cerevisiam non bibit, in hoc
monasterio? Quid faciam, pater? ». Respondit ei sanctus: « Quis 25
te in conventum introducet? Mane solus; si vis, bibe, si non vis,
abstine ». Nescivit pater noster sanctus illum e filiis Stephani
esse. Surrexit vir iste et in habitaculum suum profectus est.
Media nocte, cum precem sanctus inciperet, velaverunt eum
tenebrae et a precando prohibuerunt. Tum valde maestus dixit: 30
« Quid est hoc? ». Tunc audivit vocem: « Quis tibi permisit, ut
cum liberis Stephani impuris ad invicem consalutes? ob eam
causam tenebris velatus es ». Dixit sanctus: « Quo modo scire
potui, Domine? ». Respondit vox illa: « Ab hoc tempore noli cum
p. 35. advena inexplorato *ad invicem consalutare; quod autem prae- 35
teriit, misericordia affectus, concedo tibi ». Tunc illuxit ei lux,

---

[1] De Stephanitis eorumque haeresi rex Zar'a-Ya'qob in suo « Libro Lucis » narrat. Cf. DILLMANN, *Ueber die Regierung etc. des Königs Zar'a-
Jacob*, p. 44.

ut solitum erat, et precatus est. Postridie mane reversus est
ad eum vir ille monachus et salutavit eum. Sanctus autem
vocis quae admonuit eum ne cum eo ad invicem consalutaret
oblitus est. Monachus iste, aliquamdiu cum sancto collocutus,
5 discessit. Cum autem inciperet sanctus de consuetudine sua precationem, tenebris, sicut pridie, velatus est. Valde et magis
quam antea maestus, vocem horribilem iterum audivit: «Cur monachum istum salutavisti, quem vetui heri te salutare?». Dixit
sanctus voci, quae cum eo collocuta erat: « O mi Domine, ego
10 oblitus sum ; nunc miserere mei, qui misericordia abundas ».
Respondit illico vox illa: « Ab hoc tempore noli iterum omnino
cum iis ad invicem consalutare, neque pacem cum iis facere ».
Voce ita locuta, lux illuxit, tenebrae remotae sunt, sanctus
autem de consuetudine sua precatus est.

15   Hic pater noster vere iustus fuit,
    Septingentas animas cotidie misericordia ductus donavit ei
    Deus deorum, secundum misericordiam suam.
    Et sanctus propter hoc non gloriabatur.

    Et quodam die, cum veniret obitus eius, collocuta est cum
20 eo vox, haec verba dicens: «Pascha eius venit!». His dictis,
surripuit eum spiritus in caelum et animam eius coram Deo
in gloria magna collocavit. Quid acciderit tunc, omittimus, neque
scribimus, linguam humanam timentes. Deinde in locum suum
reversus, opera divina miratus est. Paucis diebus post, morbus
25 pestis venit et fratrem eius Newāya-Maryām cum liberis
duobus necavit, deinde icit patrem nostrum sanctum, qui vehementer aegrotus factus est. Dixerunt ei sancti: « Benedic, domine, civitati tuae». Et benedixit sanctus omnibus civitatibus benedictione caelesti et terrestri, dicens: « Benedicat Deus civitati
30 huic, aliisque civitatibus et terris, et omnibus qui in iis sunt,   p. 36.
sacerdotibus et diaconis et *monachis, viris et feminis, qui in
propinquo et qui in remotis sunt ». Et finita benedictione, obiit
in pace, die XVIII mensis s a n ē .

    Pollinxerunt eum viri sancti
35   et sepeliverunt in ecclesia
    patris nostri abbatis Abrahae rabbani,
    amare ob magnam tristitiam flentes.

Munus benedictionis eius sit
cum dilecto eius Antonio [1], per saecula saeculorum Amen.

Vos quoque, qui nunc ad certamen eius audiendum convenistis,
faciat Deus abundantiae divitiarum suarum participes,
et benedicat vobis perfecte benedictione terrae, quae infra est, 5
                [et rore caeli, quod supra est [2].
Pastoris munere custodiat vos, vi potentiae suae, et defendat
Dicite: « In hoc mundo satis habemus »;   [vos benignitate sua.
et in futuro mundo in festo suo
collocet vos ad dexteram cum iis qui certaverunt.   10
Caeli et terra coram facie Patris discedent,
et cum apertus erit solus liber vitae, Evangelium Eius,
tunc accumbere vos faciat in gremio suo, ne perdamini
per saecula saeculorum. Amen ».

[1] Scilicet cum cl. v. Antonio d'Abbadie, pro quo amanuensis, scriba-
rum aethiopum more, invocationem addidit. — [2] Cf. *Gen.*, xxvii, 39.